뚜벅뚜벅
우리 역사

역사학자와 함께 떠나는
뚜벅뚜벅 우리 역사 | 신라 편

1판 1쇄 찍은날 2016년 9월 20일
1판 1쇄 펴낸날 2016년 9월 20일

글쓴이　윤상덕
그린이　장선환
펴낸이　김영진
펴낸곳　진인진
등록　25100-2005-000003
편집　박은호
디자인　골무
주소　경기도 과천시 별양동 1-14 과천 오피스텔 614호
전화　02-507-3077~8
팩스　02-507-3079
홈페이지　www.zininzin.co.kr
이메일　pub@zininzin.co.kr

ⓒ진인진 2016
ISBN 978-89-6347-301-7 73900

저자와의 협약에 따라 인지를 생략합니다.
책값은 뒤표지에 있습니다.
잘못된 책은 구입하신 서점에서 바꾸어 드립니다.

뚜벅뚜벅 우리 역사

신라 편

윤상덕 글
장선환 그림

진인진 어린이

| 작가의 말 |

천 년 왕국 속으로 뚜벅뚜벅 걸어가는 방법

우리 역사의 한 부분을 차지하고 있는 신라, 여러분은 신라에 대해 얼마나 알고 있나요? 신라가 멀게 느껴지나요, 가깝게 느껴지나요?

삼국사기에 따르면 신라는 기원전 57년 나라를 세워 935년 고려에 항복할 때까지 약 천 년을 이어온 나라입니다. 세계 역사에서 천 년 동안 망하지 않은 나라는 로마와 신라뿐입니다. 더욱이 신라는 삼국 통일이라는 큰일을 해냈습니다. 불교를 토대로 고구려, 백제의 문화를 합치고 주변 나라들과 활발히 교류하여 훌륭한 문화재를 남겼습니다.

하지만 이런 이야기만으로 신라를 가깝게 느끼고 잘 알기에는 부족합니다. 신라 사람들은 어떻게 살았을까? 무엇을 먹고, 어떤 옷을 입었을까? 집은 어떻게 생겼고 무얼 타고 다녔을까? 어떤 모습이었을까? 천 년에서 이천 년 전의 일이라 기록도 거의 없고 사진 같은 것도 없습니다.

다행히 신라의 수도였던 경주에는 그 흔적이 잘 남아 있습니다. 책장을 넘기면서 천 년 왕국 신라를 직접 찾아갑니다.

경주의 곳곳에서 신라인들이 만들어 썼던 물건이 무덤과 연못, 땅속에서 발굴되었습니다. 특히 신라 사람들은 흙으로 사람 인형이나 동물, 집, 배 등을 만들었는데, 이런 물건이 신라 사람들의 생활을 알 수 있는 좋은 자료가 됩니다. 이렇게 발굴된 문화재는 국립경주박물관에 고스란히 보관되어 있습니다. 이곳에 전시되어 있는 문화재를 눈으

로 보면서 신라 사람들이 살던 모습을 상상해 본다면 신라에 더 가까이 갈 수 있습니다.

답사는 박물관에서 끝나지 않습니다. 그다음은 신라 왕이 살았던 궁궐인 월성, 이들의 무덤인 대릉원, 신라의 가장 큰 사찰인 황룡사와 분황사 등 경주 시내 곳곳에 있는 유적을 찾아갑시다.

다음 차례는 불상과 석탑이 곳곳에 남아 있는 남산입니다. 운동화 끈을 조여 매고 남산에 올라가 봅니다. 468미터 높이의 작은 산에 이렇게 많은 문화재가 있다니 놀랍습니다.

이제 좀 더 멀리 나갑시다. 먼저 토함산 기슭의 불국사와 석굴암을 보고 동해로 넘어가 감은사와 대왕암에 가 봅시다. 그리고 무열왕릉이 있는 서악동 무덤과 괘릉 등 통일신라시대의 왕릉을 답사합시다.

마지막으로 서울의 국립중앙박물관을 방문하여 진흥왕순수비, 반가사유상을 관람하며 신라 역사 여행을 마무리합니다.

한 번도 가 보지 않은 길을 찾아 갈 때나 한두 번 와 보았지만 익숙하지 않은 길을 운전해서 갈 때 사람들은 내비게이션을 켜고 그것에 의지해서 갑니다. 이 책이 신라의 역사와 신라인의 삶 속으로 뚜벅뚜벅 걸어갈 수 있게 도와주는 내비게이션이 됐으면 하는 바람입니다. 교실에서 책으로만 배우는 데 그치지 않고, 직접 걸어 다니면서 보고, 만지고, 느낀다면 신라의 역사를 더욱 가까이서 느끼고 배울 수 있을 것입니다.

2016년 9월 윤상덕

❓ 체험 학습을 재미있고 유익하게 하는 방법
『뚜벅뚜벅 우리 역사』는 가족이 함께 가는 체험 학습을 위해 만들었습니다.
즐겁고 유익한 체험 학습을 하려면 철저한 준비가 필요합니다.

❓ 체험 학습을 가기 전
1. 『뚜벅뚜벅 우리 역사』를 꼼꼼하게 읽어 보기

2. 체험 학습 가는 곳의 지도를 구하기

   지도를 구하는 방법
   체험 학습을 가고자 하는 시청이나 구청의 홈페이지에 가서 문화 관광 메뉴에 들어가면 관광 지도(홍보물)를 신청할 수 있습니다. 지도에는 박물관이나 유적지뿐 아니라 주변의 관광지도 소개되어 있어 유용합니다.
   예) 구리시 홈페이지 http://www.guri.go.kr 접속, 문화 관광 메뉴 선택.
   구리시 문화 관광 메뉴에서 관광 안내 지도, 관광 안내책자 다운하여 사용.

   홈페이지를 통해 지도를 구하지 못했다면?
   고속도로 휴게소의 안내소나 터미널, 역 근처에 있는 관광 안내소에 가면 많은 자료들이 있습니다.

3. 체험 학습 가는 곳의 홈페이지 들어가 보기
   『뚜벅뚜벅 우리 역사』에 소개되지 않은 내용들이 박물관이나 유적지의 홈페이지에 자세하게 소개되어 있습니다.

❓ 체험 학습을 가서
1. 문화 해설사 선생님 만나기
   박물관이나 유명한 유적지에는 문화 해설사 선생님이 있습니다.
   자원봉사자인 문화 해설사는 박물관이나 유적지에 대해 누구보다 잘 알고 있고, 재미나게 설명해 주기 때문에 현장의 가장 훌륭한 선생님입니다.
체험 학습을 가기 전 홈페이지에서 문화 해설 시간을 확인하기 바랍니다.

2. 체험 학습 프로그램을 적극 활용하기
박물관에서는 체험 학습 프로그램을 운영하고 있습니다.
유물 복제품을 손으로 느낄 수도 있고 때로는 좋은 결과물을 만들 수 있습니다.
체험 학습 프로그램은 미리 예약을 하는 경우가 있으니 미리 확인을 해야 합니다.

3. 안내 자료 챙기기
박물관이나 유명 유적지에서 제공되는 안내 자료는 무료일 뿐 아니라 내용도 충실합니다.
특히 안내 자료의 사진은 집으로 돌아와 체험 학습 일지를 정리할 때 유용하게 활용할 수 있습니다. 박물관에서 카메라 촬영을 할 경우 다른 관람객들에게 방해가 됩니다. 또한 실수로 플래시를 사용하면 유물이 손상될 수 있습니다. 유물을 볼 때에는 눈으로만 보고 사진은 안내 자료나 홈페이지에서 찾으면 됩니다. 입장권도 잘 챙기면 좋은 추억이 될 것입니다.

❓ 돌아와서

다녀와서 보고 들은 것들을 정리하면 더욱 뜻깊은 체험 학습으로 남을 것입니다.
체험 학습을 가기 전에 읽었던 『뚜벅뚜벅 우리 역사』, 지도와 함께 박물관이나 유적지의 안내 자료, 메모한 수첩, 입장권, 곳곳에서 찍은 사진들은 소중한 자료입니다. 이것을 잘 활용해 일지를 기록하면 나만의 문화유산 답사 책이 됩니다.

더 궁금한 내용이 있으면 도서관이나 서점, 홈페이지에서 자세한 내용을 찾아보세요.

차례

작가의 말 _ 4

발로 찾는 역사가 진짜 역사야 _ 6

눈으로 떠나는 역사 여행

신라는 어떤 나라일까? _ 12
신라 건국 이야기 _ 14
신라의 성장에서 멸망까지 _ 16
신라의 도읍지, 경주 _ 20
신라 사람들의 생활 _ 24
신라 사람들의 믿음 _ 36
신라의 나라 밖 교류 _ 40
전쟁과 방어 _ 43

뚜벅뚜벅 떠나는 역사 여행

국립경주박물관 답사 _ 46

경주 시내 답사 _ 50

남산 답사 _ 58

경주 외곽 답사 _ 62

국립중앙박물관 답사 _ 70

함께 보면 좋은 책, 사이트 _ 72

눈으로 떠나는 역사 여행

신라는 고구려, 백제와의 힘겨운 싸움에서 이기고
삼국 통일이라는 큰일을 해 낸 나라입니다.
고려에 항복할 때까지 천 년을 이어 온 '천 년 왕국'이지요.
화려한 금관과 성덕대왕신종, 그리고 불국사와 석굴암……
신라는 오랜 시간 나라를 이어 오면서 수많은 문화재를 남겼습니다.
그럼 지금부터 신라 역사 속으로 들어가 볼까요?

신라는 어떤 나라일까?

삼국사기에 따르면 신라는 기원전 57년 나라를 세워 935년 고려에 항복할 때까지 약 천 년을 이어 온 나라입니다. 경상북도 경주에 처음 나라를 세웠을 때의 이름은 사로국(斯盧國)으로, 여섯 개의 부족이 힘을 합쳐 나라를 이끌어 갔습니다. 최초의 왕은 박혁거세로 알려져 있는데, 초기에는 박씨와 석씨, 김씨가 번갈아 가며 왕을 했습니다. 그러다가 356년 내물왕부터는 김씨가 계속 왕위를 계승하게 됩니다. 내물왕 이후 국가의 틀을 다진 신라는 주변 국가와 전쟁을 하기도 하고 도움을 주고받기도 합니다.

'신라(新羅)'라는 이름은 지증왕 때부터 정식으로 사용했는데, '나날이 새로워지고 사방을 망라한다.'라는 뜻을 담고 있습니다. 이는 각종 제도를 정비한다는 의미도 있습니다. 법흥왕 때까지 제도를 만들고 법을 정비하는 작업을 계속해 왔습니다. 특히 법흥왕은 불교를 받아들여 신라인의 정신세계를 하나로 합니다.

정비된 제도 아래 신라는 끊임없이 영토를 확장해 갑니다. 지증왕은 이사부 장군을 보내 우산국(지금의 울릉도)을 점령하였고 법흥왕은 금관가야(지금의 김해 땅에 있었던 나라)를 정복하였습니다. 진흥왕은 경상도 지역을 벗어나 한강까지 진출하여 삼국 통일의 꿈을 가지게 됩니다.

삼국 통일의 과정은 험난했습니다. 고구려와 백제의 공격을 견디지 못한 신라는 중국 당나라와 손을 잡고 고구려와 백제를 무너뜨립니다. 그러나 당나라는 신라마저 삼키려 하였습니다. 신라는 당나라 군사를 대동강 너머로 몰아내고 676년 통일을 완성했습니다. 이 과정에서 고구려의 영토를 많이 잃게 되었는데 다행히 698년 발해가 건국되어 다시 우리 옛 땅을 찾았습니다.

　신라는 중국, 일본과 교류하였고, 멀리 서아시아의 물건도 수입하였습니다. 통일 이후에는 고구려와 백제의 문화를 합쳐서 더욱 뛰어난 문화를 만들었습니다. 신라의 무덤을 발굴해 보면 이런 활발한 교류의 흔적이 발견됩니다. 신라는 다른 문화를 배척하지 않았습니다. 새로운 문물을 활발히 받아들이고 재창조하였습니다. 삼국을 통일한 원동력 중에 하나로 이러한 신라의 포용력을 들기도 합니다. 통일 신라의 문화는 다음 시대인 고려와 조선으로 이어지고 결국 지금 우리가 살고 있는 세상의 바탕이 되었습니다.

신라 건국 이야기

신라의 원래 이름은 '사로'였습니다. 사로국의 건국과 관련된 이야기는 삼국유사와 삼국사기에 실려 있습니다. 이 이야기를 보면 신라를 어떻게 세웠는지 짐작할 수 있습니다.

건국 설화와 사로 육촌

기원전 69년 어느 날, 여섯 개 부족의 부족장들이 모였습니다. 부족장들은 부족들이 서로 합심하지 못하고 제멋대로 지내는 것을 한탄하며 덕이 있는 사람을 임금으로 삼아 하나의 나라를 세우기를 바랐습니다. 어느 날 부족장들이 산에 올라 남쪽을 보는데 경주의 나정(蘿井)이라는 우물가에 이상한 기운이 번개처럼 드리우더니 흰 말 한 마리가 무릎을 꿇고 절을 하지 않겠습니까? 황급히 그곳에 가 보니 커다

란 보랏빛 알이 있었습니다. 부족장들이 알을 쪼개니 아름답고 단정한 사내아이가 나왔습니다. 놀랍고 신기하여 사내아이를 강가에서 목욕을 시키니 몸에서 광채가 났습니다. 뿐만 아니라 들짐승과 날짐승이 모두 춤을 추어 하늘과 땅이 흔들렸고, 해와 달이 밝았습니다. 이 아이가 바로 신라의 첫 번째 왕인 박혁거세(朴赫居世)입니다.

부족장들은 임금이 하늘에서 내려왔으니 덕이 있는 여자를 찾아 배필로 정하고자 했습니다. 그때 알영정(閼英井)이라는 우물에 용이 나타나서 계집아이를 낳으니 매우 아름다웠습니다. 사람들은 남산 서쪽 기슭에 집을 짓고 두 명의 신성한 아이를 정성껏 길렀습니다. 기원전 57년 두 아이가 열세 살이 되자 남자는 왕이 되고 여자는 왕후가 되어 세운 나라가 바로 사로국입니다.

이 이야기는 믿기 어려운 전설처럼 보입니다만 이를 통해 당시 일을 짐작할 수 있습니다. 즉 뛰어난 한 사람이 신라를 세운 것이 아니라 함께 살던 여섯 개의 부족이 합심해서 세웠음을 알려줍니다. 나라를 막 세웠을 때는 왕의 힘이 그렇게 강하지 않았고 중요한 일은 여섯 부족이 의논하여 정했습니다. 실제로 왕 역시 세습하지 않고, 연장자 혹은 부족의 우두머리들이 돌아가면서 했지요.

신라의 성장에서 멸망까지

신라의 성장

신라의 왕은 점차 자신의 힘을 강하게 했습니다. 나라를 효과적으로 다스리기 위해 제도를 만들고 군대를 만들었습니다. 왕권의 강화는 임금의 명칭 변화에서도 알 수 있습니다. 건국 초기에는 왕을 '이사금(尼師今)'이라고 하여 나이가 많은 연장자를 뜻했습니다.

4세기에서 6세기까지는 왕을 '최고 우두머리'라는 뜻의 '마립간(麻立干)'이라고 불렀습니다. 여섯 개 부족의 각 우두머리 중에 최고 우두머리라는 뜻입니다. 마립간의 무덤인 돌무지덧널무덤은 규모도 크고 왕족들만 사용할 수 있는 수많은 황금 제품이 묻혀 있었습니다. 이는 마립간의 힘이 강력해졌다는 것을 상징합니다.

6세기 초, 지증왕 때에는 마립간을 '왕(王)'으로 바꾸었습니다. 이제 다른 우두머리와 비교할 필요 없는 유일한 왕이 된 것입니다. 지증왕 때는 소로 밭을 갈고 쇠로 된 농기구를 사용하면서 농작물이 풍족해졌습니다.

지증왕의 뒤를 이은 법흥왕은 불교를 국교로 받아들여 나라의 기틀을 갖추었습니다. 이 와중에 옛 종교를 지키려는 귀족들의 반발도 있었지만 이차돈의 순교로 극복할 수 있었습니다.

뒤를 이은 진흥왕은 경상도 지역을 벗어나 한강과 함경도 지역으로 영토를 크게 넓히고 가야를 병합하는 등 고구려, 백제와 경쟁하게 됩니다.

삼국의 통일

고구려, 백제와의 경쟁은 쉽지 않았습니다. 고구려와 백제가 연합하여 신라를 공격하기도 했고, 신라는 이들 중 한 나라와 연합하여 다른 나라에 대항하기도 했습니다. 642년 신라가 백제와의 싸움에서 크게 밀리자 다급해진 신라의 선덕여왕은 신하인 김춘추를 고구려에 보내 도움을 청했습니다. 그러나 고구려가 거절하자, 신라는 중국 당나라와 연합하여 백제(660년)와 고구려(668년)를 차례로 무너뜨리고 삼국을 통일합니다. 하지만 연합국이었던 당나라는 신라마저 정복하려 했고, 신라는 이에 맞서 싸워 당나라를 물리치고 676년 진정한 통일을 이루게 됩니다.

삼년산성 충청북도 보은에 있는 신라 산성. 신라는 이 지역의 확보를 바탕으로 영토를 크게 넓힐 수 있었습니다.

통일 신라의 번영과 멸망

통일 신라는 고구려와 백제 주민들을 포용하고 그 문화를 폭넓게 수용해 불국사와 석굴암, 성덕대왕신종 같은 최고의 예술 작품을 남깁니다. 또한 중국 당나라를 통해 아시아 각지와 교류했습니다. 서아시아 지역의 물건은 통일 이전에는 중국을 통해 수입되었는데, 통일 이후에는 신라인의 활동 범위가 크게 넓어져 서아시아 사람들과 직접 교류하였습니다. 서아시아의 이슬람 상인들이 빈번하게 경주를 드나들었고 때론 정착하기도 했습니다. 이슬람 사람들에게 신라는 황금이 많은 나라로 알려지기도 합니다.

그러나 번영의 시기도 종말을 맞이합니다. 왕의 힘이 약해지자 왕족과 귀족이 스스로 왕이 되기 위해 자주 싸움을 벌였습니다. 왕실의 권위는 떨어지고 제도가 무너졌으며 지

신라의 성장(4세기)
작은 땅을 차지하고 있었지만, 점차 고대 국가로 발전하기 시작했습니다.

신라의 발전(6세기)
한강 지역을 차지하여 삼국 경쟁에서 주도권을 잡게 되었고, 남쪽으로 가야를 병합하고, 북쪽으로는 함경도까지 영토를 크게 넓혔습니다.

방까지 왕의 힘이 미치지 않게 되었습니다. 세력이 강해진 지방 호족들은 직접 백성들을 통치하였고, 지방에서 세금이 왕실로 들어오지 않자 왕의 힘은 더욱 약해졌습니다. 지배 계층이 자신들의 부와 권력을 위해 다투는 동안, 백성의 생활은 매우 어려워졌습니다. 집과 재산을 잃은 지방의 백성들은 도둑이 되기도 하고 지배층을 향해 민란을 일으키기도 했습니다. 민란을 막는다는 이유로 지방 호족들은 군대를 일으켰고 신라는 또 한 번 전쟁의 소용돌이에 휩싸입니다. 이러한 혼란 중에 견훤은 옛 백제 땅에 후백제를 세우고, 경주까지 침범해 포석정에서 신라 경애왕을 죽입니다. 결국 힘이 약해질 대로 약해진 신라는 고려를 세운 왕건에게 항복합니다. 935년의 일입니다.

통일 신라(7세기)
신라는 삼국을 통일하지만 고구려 영토를 많이 잃었습니다. 다행히 고구려 땅에 발해가 세워져 옛 땅을 찾았습니다.

후삼국 시대(10세기)
신라가 큰 혼란에 빠지자, 결국 후고구려와 후백제가 세워지고 한반도는 다시 전쟁의 소용돌이에 휩싸입니다.

신라의 도읍지, 경주

신라의 힘이 점차 커지고 영토가 넓어지면서 경주는 한 나라의 수도다운 면모를 갖추기 시작하였습니다. 경주는 주변의 높은 산에 둘러싸인 평야 지형으로 남쪽에는 남산, 동쪽에는 명활산, 서쪽에는 선도산이 있고, 멀리 동남쪽에는 토함산이 있습니다. 신라인들은 경주를 둘러싸고 있는 산에 산성을 쌓아 적을 방어했습니다.

경주의 평야에는 왕과 귀족뿐 아니라 백성들도 많이 살았습니다. 삼국유사를 보면, 신라 전성기에 경주에 약 17만 8,936호(戶)가 있었다고 합니다. 호를 총 인구수로 추정하기도 하고, 집의 수로 보기도 합니다. 집으로 보면 70만 명 이상 살았다고 할 수 있습니다. 지금 경주 시내 인구가 약 15만 명이라는 점을 생각하면 그 당시에 굉장히 많은 사람이 경주에 살았다는 것을 알 수 있습니다.

경주의 인구수

18~70만 명 / 신라 전성기

15만 명 / 오늘날

신라의 궁궐

당시 경주에는 궁궐과 관청, 귀족들의 저택, 시장 등이 있었습니다. 왕이 살았던 궁궐인 월성(月城)은 위에서 보면 초승달 모양입니다. 주변에 성벽을 쌓아서 궁궐을 보호했는데 성벽 둘레는 약 1,800미터에 달합니다. 월성 남쪽은 절벽이어서 그대로 놔두고 나머지 삼면만 큰 돌을 다듬어 성벽을 쌓았습니다. 지금도 성벽에 사용했던 돌들이 땅 위에 많이 남아 있습니다. 성벽 중간 중간에 움푹 들어간 부분이 십여 곳 있는데 이는 성문(城門)이 있었던 곳입니다. 성벽 바깥에는 물이 흐르는 해자(垓字)를 두어 성을 방어했습니다. 지금은 궁궐 건물은 모두 사라지고 땅속에 주춧돌만 남아 있습니다.

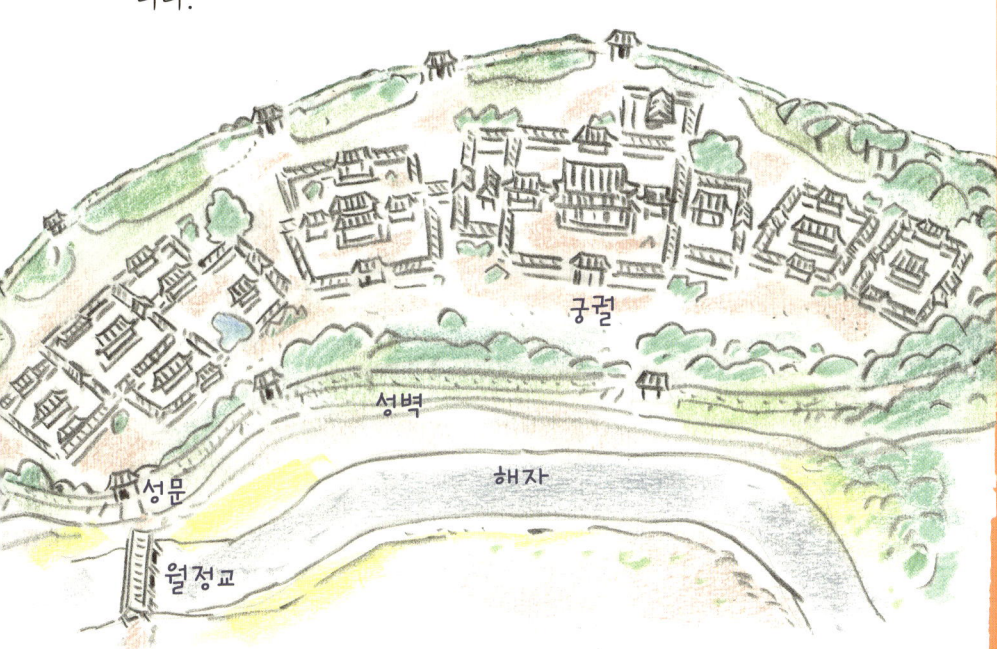

신라의 궁궐, 월성 궁궐 주변은 성벽을 쌓고 해자를 두어 적의 침입을 막았습니다.

첨성대 옆 건물 터 월성 북서쪽에서 발견된 건물 터로 주춧돌만 남아 있습니다. 긴 건물 형태로 보아, 일반 집이 아닌 관청 건물로 보입니다.

    통일 후에 궁궐이 좁아지자 월성의 북동쪽에 왕자가 사는 동궁을 만들게 되는데, 여기가 지금 안압지로 불리는 월지입니다.

    월성 북서쪽 첨성대와 월성 사이에서도 관청이나 궁궐로 생각되는 건물 터가 발굴되었습니다. 처음에는 월성에만 있던 궁궐을 점차 확장하여 안압지와 첨성대까지 넓힌 것으로 보입니다.

신도시의 건설

    통일 신라가 되면서, 경주에 본격적인 도시 계획이 이루어집니다. 즉, 오늘날처럼 바둑판 모양으로 땅을 나누어 구획을 짜고, 잘 짜인 구획 속에 궁궐, 관청, 주택, 절, 시장 등을 배치하였습니다. 이러한 네모난 구역을 '방(坊)'이라고 하는데, 방은 총 360~1,000여 개가 있었습니다. 한 변의 길이가 120~170미터인 방 하나에는 500에서 900명의 사람이 살았고, '방'과 '방' 사이에는 크고 작은 도로가 놓여 사람과 마차가 다녔습니다. 큰 시장도 여기저기 들어섰는데, 509년에 '동쪽 시장', 693년에 '서쪽 시장'과 '남쪽 시장'이 세워집니다. 이처럼 도시를 바둑판처럼 나누고 각종 시설을 배치하는 것은 당시 중국의 수도인 장안성(長安城)과 일본의 수도인 평성경(平城京) 등에서도 볼 수 있는 고대의 도시 건설 방법입니다.

한편 도시 곳곳에 주택도 많이 지었습니다. 귀족들은 연못이 있고 지붕에 기와를 올린 대 저택에 살았습니다. 귀족이 아니어도 기와로 지붕을 올린 집이 많았습니다. 기와지붕이 집집마다 맞닿아 있어 비가 와도 비를 맞지 않고 다닐 수 있을 정도였다고 합니다.

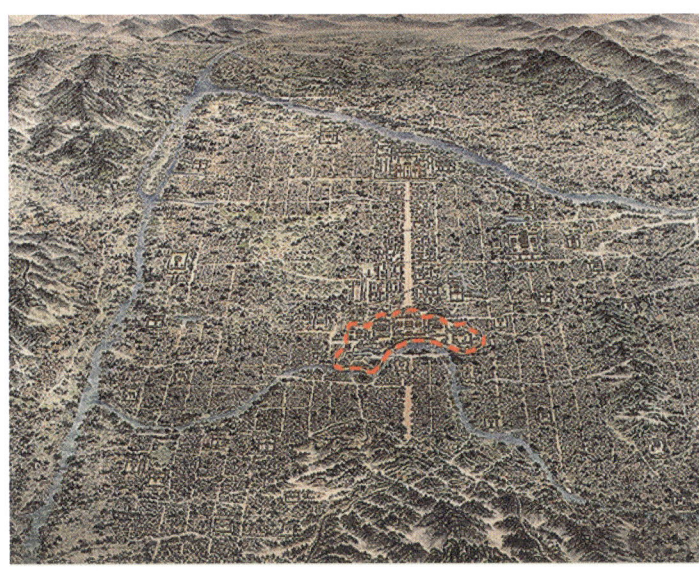

신라 왕경 상상도 신라의 수도인 경주에는 궁궐과 관청, 귀족들의 저택, 시장 등이 있었습니다. 붉은 점선으로 표시된 부분이 왕이 살았던 월성입니다.

신라 사람들의 생활

신라 사람들은 어떻게 살았을까요? 무엇을 먹고, 어떤 옷을 입었을까요? 집은 어떻게 생겼을까요? 기록도 거의 없고 사진 같은 것도 없으니 알기가 참 어렵습니다. 하지만 남

아 있는 유물과 유적에서 추측할 수 있습니다. 당시에 쓰다가 버린 물건이나, 죽은 사람을 위해 무덤에 넣은 물건이 발굴된 것입니다. 특히 신라 사람들은 흙으로 사람이나 동물, 집, 배 등의 흙 인형을 빚었는데, 이런 토우가 신라 사람들의 생활을 알 수 있는 좋은 자료가 됩니다.

신라 사람의 옷차림

흙으로 빚은 인형인 토우를 보면 신라 사람들이 옷을 어떻게 입었는지 알 수 있습니다. 경주 용강동 돌방무덤에서 출토된 문관(文官) 토용은 높은 지위를 나타내는 '홀(笏)'을 손에 들고 있는 것으로 보아 왕족이거나 귀족일 것입니다. 머리에는 모자를 썼고 소매가 넓고 무릎 아래까지 내려오는 겉옷을 입었습니다.

신발은 어떤 것을 신었을까요? 기마 인물형 토기(말 탄 사람 토기)의 주인공은 끝이 살짝 올라간 신발을 신었습니다. 아마 가죽으로 매끈하게 만든, 귀족의 신발로 보입니다.

귀족의 옷차림

가죽 신발

문관 토용
(경주 용강동 돌방무덤 출토, 국립경주박물관)

기마 인물형 토기
(경주 금령총 출토, 국립중앙박물관)

부부 토용을 보면 서민의 옷차림을 추측할 수 있습니다. 남편은 고깔모자 같은 것을 썼고 바지를 보면 세로로 줄이 그어 있습니다. 주름진 바지를 입었을 수도 있고 일종의 장식일 수도 있습니다. 허리에는 수건을 두른 듯한 허리띠가 보입니다. 부인은 윗옷을 입지 않았고, 아래옷으로 주름치마를 입었습니다. 한복과 비슷한 점이 많습니다.

짚신 모양 토기를 보면 서민들은 짚을 꼬아 만든 짚신을 신었던 것을 알 수 있습니다. 당시 서민들도 우리 조상들이 백 년 전까지 신었던 짚신과 크게 다르지 않은 신발을 신었던 것이지요.

서민의 옷차림

부부 토용
(경주 출토, 국립경주박물관)

짚신 모양 토기
(경주 출토, 국립경주박물관)

신라 사람의 음식

신라인의 음식을 추측할 수 있는 유물이 경주 곳곳에서 발굴되었습니다. 대릉원에 있는 대형 무덤, 경주 황성동 살림집 터, 안압지 등이 대표적입니다. 크게 곡류와 과일류, 육류, 어패류로 나뉩니다.

쌀, 보리, 콩, 밀, 밤, 팥 같은 곡류와 복숭아, 밤, 잣, 자두, 매실, 모과, 살구와 같은 과일이 발굴되었습니다. 쌀과 보리, 콩은 지금과 같이 신라인들에게도 주식이었습니다. 안압지에서 소, 돼지, 말, 개, 노루, 산양, 사슴과 닭, 꿩, 오리, 거위 등의 동물 뼈가 발굴되었습니다. 황남대총 무덤의 봉분에서는 대형 항아리 안에 동물 뼈와 조개류, 물고기 뼈가 담긴 작은 그릇이 출토되

그릇에 담겨 있던 달걀
(천마총 출토, 국립경주박물관)

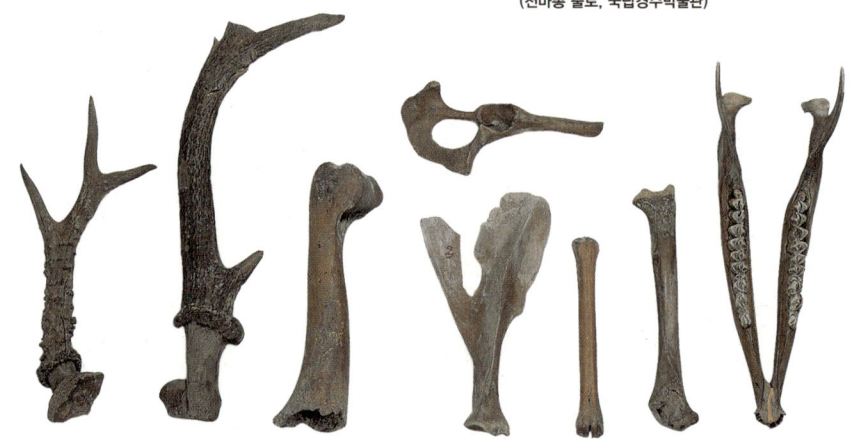

여러 가지 동물 뼈 (안압지 출토, 국립경주박물관)

었습니다. 천마총에서는 달걀 30개가 그릇에 담겨 출토되기도 하였습니다. 이것은 제사 음식입니다. 국립경주박물관 부지에서는 복어, 숭어, 대구, 상어의 뼈가 출토되었습니다. 상어 뼈는 무덤에서도 많이 나오는데 지금도 경주에서는 상어를 제사상에 반드시 올린답니다.

　조리 방법도 알 수 있습니다. 안압지에서 출토된 목간(木簡;글을 적은 나무쪽)을 보면 생선으로 젓갈을 담가 먹었다는 것을 알 수 있습니다. 한편 곡식을 찧는 디딜방아 모양의 토우와 시루가 많이 발굴되는 것으로 보아 신라 사람들이 곡물을 쪄서 떡이나 밥을 해 먹었던 것을 알 수 있습니다.

디딜방아 모양의 토우
(경주 황남동 출토, 국립경주박물관)

조리법이 적힌 목간
(안압지 출토, 국립경주박물관)

음식을 익히는 풍로 (안압지 출토, 국립경주박물관)

신라 사람의 집

당시의 집은 어떤 형태였을까요? 신라인들은 사람이 죽으면 화장을 하고 뼛가루를 단지에 담아 묻었는데, 이 때 사용한 뼈 단지 중에 기와집 모양 뼈 단지가 있습니다. 이 뼈 단지를 보면 당시 기와집의 모양을 알 수 있습니다. 통일 신라 때 만들어진 것으로 기와부터 문틀까지 잘 표현되어 있습니다. 당시에는 왕족이나 높은 지위의 귀족들의 집과 큰 절에만 기와를 사용할 수 있었다고 합니다.

그럼 일반 서민들의 집은 어땠을까요? 굴뚝이 있는 초가집 형태였을 것입니다. 경주 사라리 유적에서 출토된 창고 모양 토기를 보면 잘 알 수 있습니다. 높은 굽다리 위에 집이 얹혀 있는데, 지붕에 기와 골이 표현되지 않은 것으로 보아 초가집으로 보이며, 지붕 아래에는 들보가 있고 지붕 한 쪽에 굴뚝이 보입니다. 손잡이가 달린 여닫이 창문은 최근까지 우리가 살던 집과 큰 차이가 없습니다.

기와집 모양 뼈 단지
(경주 북군동 출토, 국립경주박물관)

창고 모양 토기
(경주 사라리 출토, 국립경주박물관)

농업과 농기구

선사 시대부터 발전해 온 농업은 신라 사람들이 살아가는 기반이었습니다. 주로 돌이나 나무로 만들었던 농기구가 신라 시대에 와서 쇠로 대체되었습니다. 당시의 무덤에서 쇠로 만든 농기구가 자주 발견되었고, 지증왕 3년(502년) 소를 이용한 밭갈이를 장려했다는 기록도 남아 있습니다.

쇠 농기구를 사용하면서 농사에 들이는 노동력과 시간은 줄었고, 척박한 땅을 갈아 농지를 넓힐 수 있어 곡물 수확량은 크게 늘어납니다. 곡물 수확량이 늘면서 인구도 늘어났고, 따라서 일꾼과 군인이 증가해 나라의 힘이 세졌습니다. 농업은 고대 국가의 발전에 아주 중요한 역할을 했습니다.

신라 사람의 쇠 다루는 기술은 경주의 황성동 유적에서 알 수 있습니다. 철기를 만들 때는 두드려서 만드는 방법(鍛造;단조)과 틀에 쇳물을 부어서 만드는 방법(鑄造;주조)이 있습니다. 황성동 유적에서는 주조와 단조뿐만 아니라 철광석을 녹여서 좋은 철을 얻는 과정 등 철기 생산의 모든 공정이 이루어졌음을 알 수 있습니다.

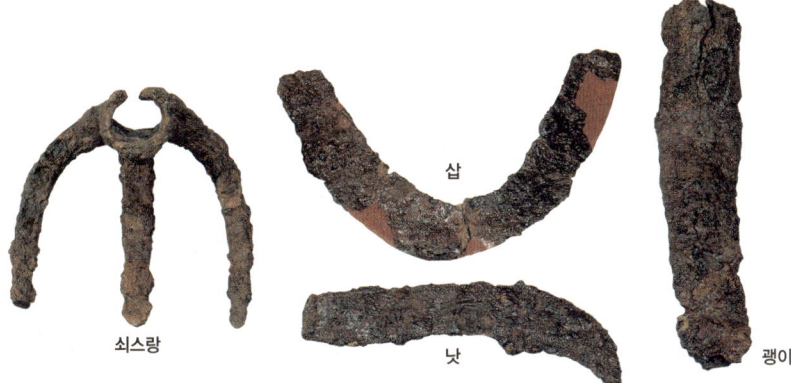

쇠 농기구 쇠 농기구를 사용하면서 수확량이 크게 늘어났어요. (국립경주박물관)

이동 수단

신라 사람들은 바다를 장벽으로 생각하기보다는 바다를 이용해서 생활을 꾸려 나가고 주변 나라와 무역을 했습니다. 바다를 이용하는 데 가장 필요한 것은 배였습니다. 배는 나무로 만들기 때문에 현재 그 실물을 발견하기가 어렵지만, 안압지 바닥에서 출토된 나무배와 금령총에서 출토된 배 모양 토기로 그 형태를 추측할 수 있습니다.

짐을 옮길 때는 수레를 사용했습니다. 경주 계림로 무덤에서 출토된 수레 모양 토기를 보면 우리가 최근까지 사용하던 수레와 흡사해 놀랍습니다. 황성동 돌방무덤에서도 수레바퀴와 말과 소 모양의 토우가 출토되었습니다. 아마도 소나 말이 수레를 끌었을 것입니다. 최근에 발굴된 도로를 보면, 수레바퀴 흔적이 남아 있기도 합니다.

배 모양 토기 배의 구조를 매우 사실적으로 표현하고 있어요. (경주 금령총 출토, 국립중앙박물관)

나무배 유일하게 실물로 남아 있는 신라의 배. 길이 약 6m.(안압지 출토, 국립경주박물관)

말은 신라인에게 오늘날 자동차 같은 중요한 교통수단이었습니다. 옛 문헌에도 말은 자주 등장합니다. 신라 시조 박혁거세의 탄생 신화에도 말이 등장하며, 삼국이 기병을 앞세워 전쟁을 벌인 기록도 많습니다. 또한 말을 조직적으로 기르는 관청도 있었습니다. 신라 문무왕 때인 669년에는 왕실과 귀족들이 174개의 목장을 관리하였다고 합니다. 신라의 행정 문서에는 한 가구 당 한 마리에서 두 마리의 말을 소유했다는 기록도 남아 있습니다.

말과 관련된 유물도 많이 발굴되었습니다. 신라 초기 유물로 재갈과 말 모양 허리띠 버클, 4세기 이후에는 발걸이나 말안장 등 본격적인 말갖춤(馬具;마구)들이 발굴되어 이때에는 이미 말을 타는 것이 보편화되었음을 알 수 있습니다.

수레 모양 토기
최근까지 사용하던 수레와 비슷한 모양이에요.
(경주 계림로 무덤 출토, 국립경주박물관)

수레바퀴와 말과 소 토우 소나 말로 하여금 수레를 끌게 한 것으로 보여요.(경주 황성동 돌방무덤 출토, 국립경주박물관)

무덤과 껴묻거리

사랑하는 사람이 세상을 떠날 때 사람들은 어떤 심정이었을까요? 그 사람을 잃은 슬픔 한 구석에 죽음 이후의 세계에 대한 불안한 마음이 자리 잡을 것입니다. 신라 사람들은 지금의 삶이 죽음 이후에도 이어질 것으로 믿었던 것 같습니다. 그래서 죽은 사람이 생전에 쓰던 물건을 껴묻거리로 무덤에 넣어 주기도 하고 무덤을 집처럼 꾸미기도 했습니다.

백성들의 무덤 중 흔한 것은 땅에 구덩이를 파고 시신을 묻는 것입니다. 좀 더 여유가 있으면 시신을 나무 관에 넣어 묻고, 관 바깥을 나무나 돌로 한 번 더 보호했습니다.

하지만 왕이나 귀족은 성대한 장례식을 치르고 커다란 무덤을 만들었습니다. 4세기에서 6세기 사이에 만들어진 무덤은 돌무지덧널무덤(積石木槨墳;적석 목곽분)이라고 합니다. 나무로 만든 큰 방에 관과 껴묻거리를 담은 상자를 넣고 방

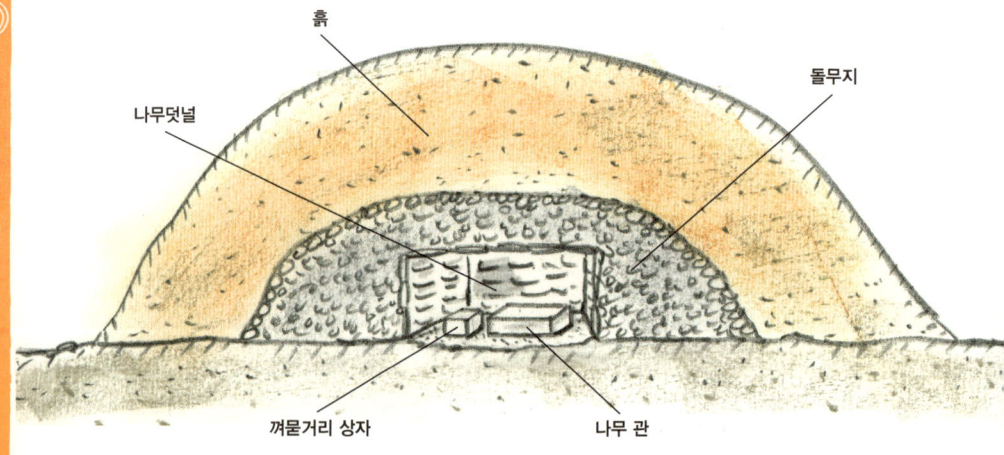

신라의 돌무지덧널무덤 나무로 큰 방을 만들고 그 안에 관과 껴묻거리 상자를 넣은 다음, 나무 방 바깥에 돌을 쌓고 다시 흙을 다져 만들었어요.

바깥에 커다란 돌을 쌓고 다시 흙으로 단단하게 다졌습니다. 이런 무덤들은 지금도 경주 시내에 작은 산처럼 남아 있습니다.

화장용 뼈 항아리
유골을 안전하게 보관하기 위해 바깥 함을 돌로 만들었어요.
(국립중앙박물관)

6세기 이후에는 돌방무덤을 많이 만들었습니다. 돌방무덤은 돌로 방을 만들고 가족이 죽을 때마다 무덤 문을 열고 들어가 계속 추가로 시신을 넣을 수 있었기 때문에 더 경제적이었습니다.

이 시기에는 불교의 영향으로 화장(火葬)도 매우 유행했습니다. 대부분 시신을 불에 태워 그냥 재를 뿌렸지만, 어떤 사람들은 뼈 항아리에 유골을 담아 땅속에 묻었습니다.

죽은 사람과 함께 묻는 껴묻거리로는 그릇이 가장 흔한 것이었습니다. 왕과 귀족은 금관이나 화려한 장신구도 함께 넣어 살아 있을 때의 힘을 자랑했습니다.

시신
시신을 올려놓는 곳
껴묻거리 토기

통일 신라의 돌방무덤 돌로 방을 만들어서 추가로 시신을 넣을 수 있게 했어요.

신라 사람들의 믿음

고대 신앙

2, 3천 년 전 사람들은 하늘이나 나무 같은 자연에 신령한 힘이 있다고 생각했습니다. 하늘의 뜻을 거스르면 가뭄이나 큰 병이 생긴다고도 여겼지요. 그래서 하늘에 제사를 지내고 하늘의 신령한 뜻을 받아 백성에게 전해 주는 사람을 높이 모셨습니다. 이런 고대 신앙을 잘 보여 주는 유물이 금관입니다.

초기의 금관 가장 이른 시기의 금관으로 나무 모양이 잘 나타나 있습니다. (경주 교동 출토, 국립경주박물관)

금관 앞쪽의 곧추선 나무 모양 장식과 뒤쪽에 사슴뿔 형상을 한 장식은 신라 금관의 특징입니다. 높은 나무와 신성한 동물인 사슴은 하늘과 땅을 이어 주는 존재를 상징하는 것으로, 금관을 쓴 왕은 신과 백성을 이어 주는 존재임을 뜻한다고 할 수 있습니다. 금관은 지금까지 단 6점만 발견되었는데, 왕이나 왕의 가족들이 사용하던 것으로 생각합니다.

천마총 금관 금 달개와 곡옥이 많이 달려 있어 매우 화려합니다. (천마총 출토, 국립경주박물관)

가장 초기의 금관은 경주 교동의 무덤에 묻혔던 금관입니다. 나무 모양이 장식에 잘 남아 있습니다. 천마총에서 나온 금관은 가장 화려한데 나무 모양은 '出'자 모양으로 바뀌었습니다. 경주 이외의 지역에서는 청동에 금을 입힌 금동관이 많이 발굴되었습니다. 아마도 지방을 다스리는 사람은 금관이 아닌, 금동관을 썼던 것으로 생각됩니다.

화랑도

신라 젊은이들은 어떤 교육을 받고, 무엇을 중요하게 생각했을까요? 두 화랑의 맹세를 돌에 새긴 '임신서기석'을 보면 당시 청소년들도 지금과 비슷했던 것을 알 수 있습니다. 즉 나라가 위태로우면 목숨을 바치며, 기한 내에 공부를 완성할 것을 소원했습니다. 세속오계를 봐도 친구 간의 우정과 전쟁터에서의 용맹을 중요하게 생각했습니다. 화랑들은 이렇게 굳은 마음가짐으로 함께 훈련하고 공부해서 신라를 강하게 만들었습니다.

선발된 젊은이들이 자연에서 몸과 마음을 단련하는 화랑도는 진흥왕 때부터 장려되었는데, 청소년을 교육하고 훌륭한 인재를 길러 내는 역할을 했습니다. 백제와 벌인 황산벌 싸움에서 백제 계백 장군과 신라 화랑 관창의 이야기를 들어봤을 겁니다. 이처럼 화랑들은 가야 정벌과 고구려, 백제와의 전쟁 등 삼국 통일 과정에서 중요한 역할을 했습니다.

임신서기석
신라의 두 화랑이 학문에 힘쓰고 나라에 충성할 것을 맹세한 내용을 새긴 돌이에요. 높이 약 30㎝.(국립경주박물관)

불교

불교는 인도에서 생겨난 종교로 고구려를 통해 신라로 전해졌습니다. 신라 사람들은 원래 하늘이나 나무 같은 자연을 신으로 숭배해 왔었기에 불교라는 외래 종교를 선뜻 받아들이지 못했습니다. 그러나 부처라는 유일신을 믿고 선행을 베풀면, 다음 생에서 복을 받는다는 단순한 교리는 백성들의 마음을 위로해 주었습니다. 귀족의 힘을 누르고 체제를 정비하려는 법흥왕에게도 불교는 매력적이었습니다. 왜냐하면 왕은 부처님의 바로 아래에서 세상을 다스리는 존재이며, 전생에서 큰 덕을 쌓은 사람이라고 설명하면 왕의 힘을 강하게 하는데 많은 도움이 되기 때문입니다. 귀족들의 반대가 컸지만 527년 법흥왕은 이차돈의 죽음을 계기로 공식적으로 불교를 받아들입니다. 이후 불교는 모든 신라 사람들이 믿는 종교가 되었습니다. 왕자들도 출가하여 유명한 스님이 될 정도였습니다.

황복사 금제 불상 황복사 삼층석탑 안에서 발견한 불상입니다. 높이 12㎝.(국립경주박물관)

안압지 삼존불 납작한 판 형식인데 테두리에 못 구멍이 있는 것으로 보아 벽 같은 곳에 못으로 고정했던 것으로 보입니다. 높이 27㎝.(국립경주박물관)

전국 각지에 크고 작은 절도 지어졌습니다. 경주의 황룡사는 명실상부한 신라 최대의 사찰로, 외적을 물리치고 삼국을 통일하려는 신라의 염원이 담겨 있었습니다. 삼국 통일 이후에도 수많은 절이 지어졌고 불교문화가 곳곳에 스며들게 됩니다. 고승인 의상과 원효는 불교를 대중에게 알리고 통일 직후의 혼란한 사회를 어루만지고 백성들을 위로하였습니다. 이렇게 불교는 백성들의 생활 속에 깊이 파고들었습니다.

삼국유사에 보면 당시 서울에는 '절이 밤하늘의 별처럼 총총하고, 탑은 기러기처럼 줄지어 섰다'라고 하였는데, 경주에 절과 탑이 얼마나 많았었는지를 알려줍니다. 지금도 경주 남산 자락에는 수많은 돌부처와 탑이 남아 있지요.

백률사 금동불 어른 키만큼 큰 통일 신라 대표 불상입니다. 큰 거푸집을 만들고 그 속에 구리를 부어 만들었다고 합니다. 높이 177cm.(국립경주박물관)

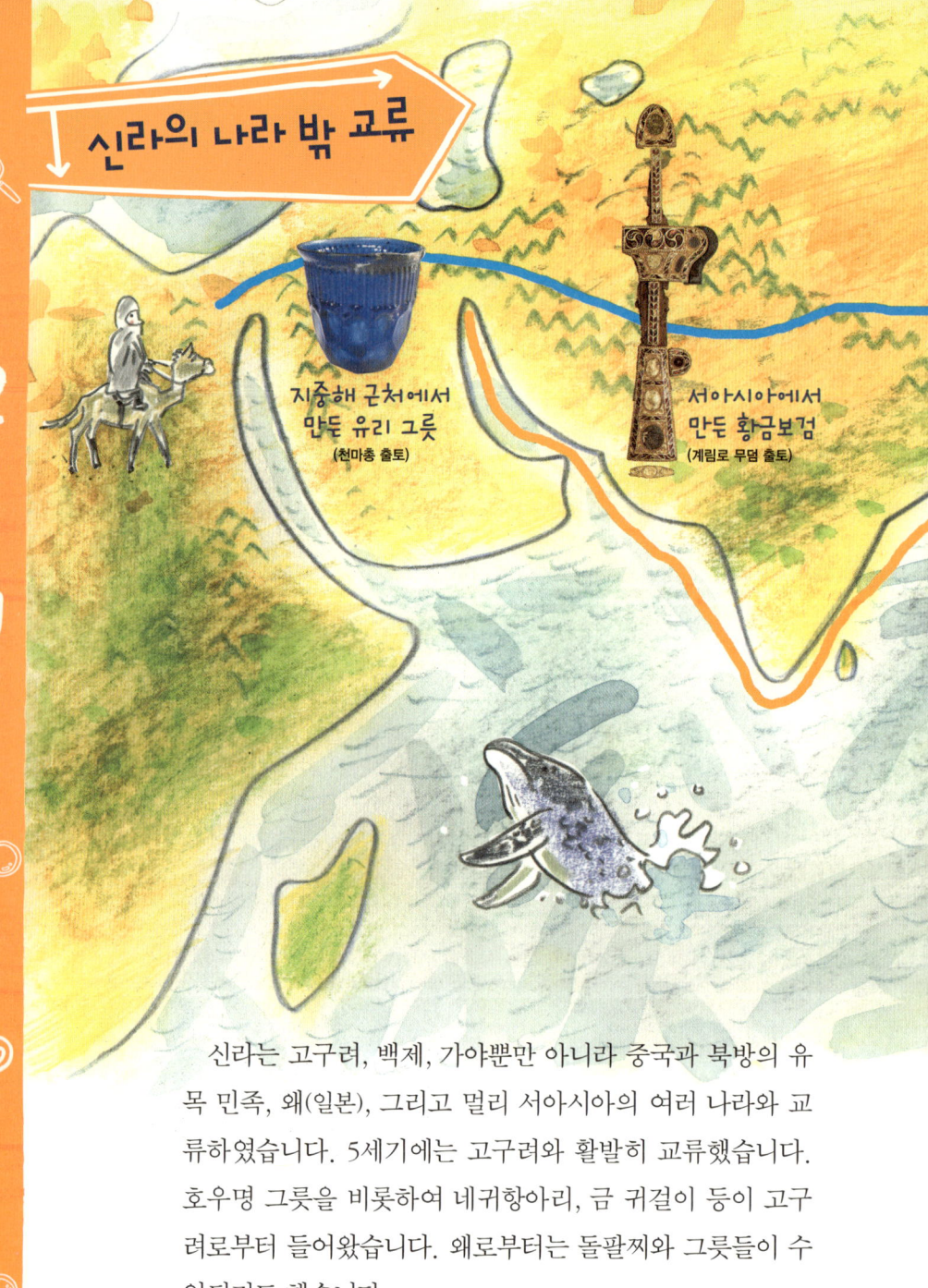

신라의 나라 밖 교류

지중해 근처에서 만든 유리 그릇
(천마총 출토)

서아시아에서 만든 황금보검
(계림로 무덤 출토)

　신라는 고구려, 백제, 가야뿐만 아니라 중국과 북방의 유목 민족, 왜(일본), 그리고 멀리 서아시아의 여러 나라와 교류하였습니다. 5세기에는 고구려와 활발히 교류했습니다. 호우명 그릇을 비롯하여 네귀항아리, 금 귀걸이 등이 고구려로부터 들어왔습니다. 왜로부터는 돌팔찌와 그릇들이 수입되기도 했습니다.

삼국 통일 뒤에는 당나라와 활발히 교류하면서 외국 문화를 적극적으로 수용했습니다. 의상, 원측 등의 승려와 학자인 최치원 등이 당나라로 유학을 다녀오기도 했습니다. 당나라의 수도인 장안은 국제적인 대도시로, 이곳을 방문한 신라인들은 다양한 문화를 접했을 것입니다. 또한 일본과도 활발히 교류하였는데, 일본의 왕실 창고인 쇼쇼인에 보관된 신라의 가위와 숟가락 등이 그 증거입니다.

한편 경주에서 출토된 서아시아의 물건은 신라가 머나먼 서쪽 나라들과도 접촉하고 교류했음을 알려 줍니다. 대표적 유물은 유리 그릇입니다. 경주의 돌무지덧널무덤에서 약 25점에 이르는 유리 그릇들이 출토되었는데, 지중해 근처에 있던 로마와 사산조 페르시아에서 만들어져 비단길을 따라 수입된 것들입니다. 경주 계림로 14호 무덤에서 발굴된 황금보검(黃金寶劍)도 양 지역의 교류를 보여줍니다. 이 칼은 칼집 표면을 금판으로 덮고 무수히 많은 금 알갱이와 붉은 석류석으로 화려하게 장식했습니다.

신라는 처음에는 중국이나 고구려를 통해 서아시아의 물품을 수입했습니다. 그러다 7세기가 되어, 신라 사람들이 당나라의 수도인 장안에 가서 직접 이슬람인을 만나게 되었고, 이슬람인들이 직접 경주를 방문했다가 일부는 돌아가지 않고 계속 경주에 살기도 했습니다. 경주 괘릉과 흥덕왕릉의 군인 조각상을 보면 터번을 두른 모습이 이슬람인으로 보입니다. 당시 먼 서아시아 지역의 이슬람인들이 신라에 와서 높은 벼슬까지 했던 것으로 추측됩니다. 이처럼 다른 나라 문화를 배척하지 않았던 포용력이 신라 발전의 이유였을지도 모릅니다.

괘릉의 군인 조각상
터번을 두르고 팔뚝이 보이도록 옷소매를 걷은 모습이 이슬람인으로 보입니다.

전쟁과 방어

신라가 삼국을 통일하기까지 한반도에서는 전쟁이 많이 일어납니다. 신라는 고구려와 손을 잡고 백제에 맞서기도 하고 또 어떤 때는 백제와 손을 잡고 고구려에 맞서기도 하였습니다. 빈번한 전쟁 기록은 백성들의 삶이 고단했다는 것을 알려 줍니다.

전쟁에서 가장 좋은 방어 수단은 성입니다. 수도인 경주는 주변이 산으로 둘러싸여 있는데 이 산에 산성을 쌓았습니다. 성을 쌓을 때는 주변에 사는 사람뿐 아니라 멀리 사는 사람도 강제로 동원됐습니다. 경주 남쪽을 방어하기 위해 남산에 산성을 쌓을 때는 성을 쌓은 사람의 이름과 담당 거리, 날짜와 함께 3년 이내에 무너지면 다시 쌓겠다는 맹세까지 비석에 적어 철저하게 감독했습니다.

사람이 썼던 투구

한편 성 밖에서 싸울 때는 말을 적극적으로 사용했습니다. 그 모습은 고구려 벽화의 전투도에 잘 나타나 있습니다. 말을 탄 병사들은 몸에 갑옷을 입고 철 투구를 썼을 뿐만 아니라 말에게도 갑옷을 입혔습니다. 포항 옥성리 무덤과 경주 사라리 무덤에서 출토된 말 투구와 말 갑옷을 보면 중무장한 기병의 모습을 상상할 수 있습니다.

말에게 씌웠던 투구
(국립경주박물관)

뚜벅뚜벅 떠나는 **역사 여행**

이제 답사를 떠날 준비가 되었나요?
보물 창고와 같은 국립경주박물관에서 시작해서
궁궐, 절, 탑이 곳곳에 있는 경주 시내와 남산,
동해안과 주변의 유적을 가보고, 마지막으로 서울의
국립중앙박물관에서 신라 여행을 총 정리합니다.
그럼 책장을 한 장씩 넘기면서 뚜벅뚜벅 걸어가 볼까요?

국립경주박물관 답사

신라의 다채로운 유물이 모여 있는 곳

　　국립경주박물관은 신라의 중요한 문화재를 모두 모아 놓은 곳입니다. 먼저 박물관에서 신라 천 년의 역사에 대해 알아보고 여행을 떠납시다. 박물관은 다음 목적지인 신라 궁궐, 월성 바로 옆에 있어서 여행의 출발지로 안성맞춤입니다. 국립경주박물관은 세 개의 전시관이 있습니다.

　　'신라 역사관'은 첫 번째 전시관으로 신라의 건국부터 멸망까지 신라 역사를 한눈에 볼 수 있는 곳입니다.

　　첫 번째 방에서는 아주 오래된 돌도끼부터 신석기, 청동기 시대의 모습과 신라 건국 직후의 모습을 볼 수 있습니다. 특히 대릉원에서 발굴된 토우 장식 항아리(🔍48쪽)는 어깨에 붙어 있는 작은 흙 인형이 재미있습니다. 두 번째 방은 내물왕부터 지증왕까지, 여섯 왕이 통치하던 때로 고대 국가로 발전하는 모습을 볼 수 있습니다. 돌무지덧널무덤에서 발굴된 황금 유물이 가장 유명합니다. 천마총과 금관총에서 나온 실제 금관(🔍49쪽)과 금허리띠, 귀걸이와 각종 그릇들을 볼 수 있습니다. 세 번째 방은 법흥왕과 진흥왕이 다스리던 시기입니다. 이차돈 순교비 등 불교와 관련된 문화재와 신라인들이 남긴 비석들이 있습니다. 성벽을 쌓을 때의 다짐을 새긴 비석과 화랑으로서 삶을 맹세하는 임신서기석이 있습니다. 마지막 방에서는 삼국 통일 이후 신라의 역사와 문화를 볼 수 있습니다.

　　두 번째 전시관은 '신라 미술관'입니다. 1층에는 불교 조각품과 불상 등 신라의 불교 미술품을 전시했습니다. 감은사 석탑에서 나온 금동 사리기를 기억합시다. 2층에 올라가면 황룡사에서 발굴된 유물이 있습니다. 이곳에는 황룡사의 용마루 양쪽 끝에 장식으로 얹는 기와, 곧 망새(🔍49쪽)가 있어요.

세 번째 전시관은 '월지관'입니다. '월지'는 '안압지'의 원래 이름으로 연못인 안압지에서 발굴된 약 3만 3천여 점의 유물을 전시하고 있습니다. 이 유물들은 신라 왕실에서 사용하다 연못에 빠뜨리거나 내버린 물건들로, 당시 왕실에서 어떤 물건을 사용했는지 알 수 있습니다. 특히 안압지에서는 중요한 연회나 행사를 자주 열었습니다. 연못 바닥에서 6미터 길이의 통일 신라 시대의 나무배도 발굴되었습니다. 연못에 나무배 한 척 띄워 놓고 진귀한 새와 물고기를 감상했던 신라인의 모습을 상상해 보세요.

박물관 야외에도 석탑, 불상 등의 문화재가 있습니다. 이 중에 꼭 봐야 하는 것은 바로 '성덕대왕신종'(🔍48쪽)입니다. 에밀레종이라고 들어봤지요? 종을 만들 때 어린아이를 넣어 종소리가 마치 아이가 엄마를 부르는 것 같다는 이야기가 전해집니다. 그러나 종의 성분을 조사해 보니 사람 뼈 성분은 나오지 않았습니다. 이런 전설이 생긴 이유가 무엇일까요?

성덕대왕신종 종에는 종을 만든 날짜와 만든 사람들, 만든 이유가 적혀 있어요. 높이 3.75m.

답사 길잡이

국립경주박물관

정문

신라역사관

토우 장식 항아리를 눈여겨 보세요. 악기를 연주하는 사람, 뱀과 개구리, 물고기, 새 등 항아리에 장식된 흙 인형들을 하나하나 찾아보세요.

천마총 금관에는 신라 금관의 화려함이 잘 표현되었어요. 3개의 나뭇가지 장식과 2개의 사슴뿔 모양을 찾아보세요.

신라미술관

박물관 야외

월지관

황룡사 망새를 보면 건물의 규모를 추측할 수 있습니다. 황룡사 망새의 크기를 꼭 기억했다가, 실제 황룡사 터에 가서 건물의 크기를 추측해 보세요.

고선사 삼층석탑은 경주시에 덕동 댐을 만들면서 고선사 터가 물에 잠기게 되자 국립경주박물관 야외로 옮겨 왔어요. 목탑처럼 각 부분을 돌로 만들어 조립했어요. 어떻게 조립했는지 자세히 살펴보세요.

주령구는 신라 귀족들이 안압지에서 연회를 즐길 때 사용하던 주사위예요. 주사위에는 '소리 없이 춤추기', '노래 한 곡 부르기' 등 열네 가지의 벌칙이 새겨져 있어요. 어떤 벌칙이 제일 곤란할지 살펴보세요.

국립경주박물관 전시관

주소 주소 경북 경주시 일정로 186

홈페이지 gyeongju.museum.go.kr/

대표 전화 054.740.7500

입장료 무료

대상 상설전시관, 어린이박물관, 특별전시
(단, 유료 특별전시는 제외)

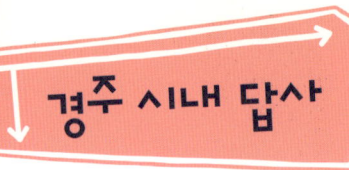

경주 시내 답사

신라 왕의 삶과 죽음을 엿볼 수 있는 곳

대표적인 신라의 절, 황룡사와 분황사

황룡사(皇龍寺)는 월성 바로 옆에 있었던 신라 최대의 절로, 외적을 물리치고 삼국을 통일하려는 신라의 염원이 담겨 있습니다. 진흥왕이 553년 궁궐을 지으려다가 황룡이 나타나 절을 짓게 되었다는 이야기가 전해 내려옵니다.

지금은 모두 불타고 기둥을 받쳤던 주춧돌만 남아 있습니다. 큰 건물일수록 주춧돌이 커지는데, 황룡사 구층목탑의 주춧돌은 신라에서 가장 큽니다. 목탑의 높이도 80미터, 그러니까 건물 25층 높이로 추정합니다.

금당(절의 본당)에는 신라의 보물이었던 대형 금동 불상이 있었는데, 역시 지금은 남아 있지 않습니다. 불상이 워낙 컸기 때문에 불상을 세우기 위해 놓았던 받침돌(57쪽)이 남아 있습니다.

황룡사 금당을 지나 북쪽으로 조금 걸어가면 분황사(芬皇寺)에 도착합니다. 지금은 석탑과 금당만 있는 작은 절이지만 신라 때는 중요한 절이었습니다. 분황사는 선덕여왕이 왕이 되자마자 짓기 시작한 절로 원효가 이곳에 머물렀다고 합니다. 이곳에는 벽돌로 지은 것처럼 보이는 모전석탑(57쪽)이 있습니다.

황룡사 구층목탑 터 목탑은 불타 없어지고 64개의 주춧돌만 남아 있습니다.

궁궐 앞에 놓인 연못, 안압지

통일을 이룬 신라는 수도를 크게 정비합니다. 문무왕은 궁궐을 확장하는데 679년에 월성 동북쪽에 왕자가 사는 동궁을 지었습니다. 이 궁궐이 임해전(臨海殿)이고, 임해전 앞 연못이 바로 안압지입니다. 당시 이름은 월지(月池)였습니다. 연못에는 세 개의 인공 섬이 있는데, 당시에는 이곳에 귀한 꽃과 나무를 심고 사슴, 노루 등의 동물을 길렀다고 합니다. 연못 바로 옆에는 다섯 채의 기와집이 있었는데 이곳에서 연못을 감상하거나 연회를 즐겼습니다. 지붕에는 초록색 유약을 발라 구운 기와를 올렸고 바닥에는 화려한 보도블록을 깔았습니다.

안압지에는 물이 들어오고 나가는 시설(🔎57쪽)도 있습니다. 물이 들어오는 곳은 폭포처럼 물이 떨어지게 하였고, 물이 나가는 곳은 나무로 된 물막이로 열고 닫아 물 높이를 조절했습니다. 연못 주변은 돌을 다듬어서 쌓았는데 연못 깊이는 어른 키 정도입니다.

안압지 전경 크고 아름다운 연못과, 연못 오른쪽 위로 터만 남은 임해전이 보입니다.

왕이 살았던 월성에서 첨성대까지

천 년 왕국, 신라의 왕궁인 월성은 삼국사기를 보면 101년에 처음 지었다고 합니다. 궁궐은 지금 남아 있지 않고, 성곽과 건물이 있던 흔적만 남아 있습니다. 넓은 평야에 수도를 두었던 신라는 궁궐 주변에 성벽을 둘렀습니다. 지금은 성벽은 무너졌고 나무가 무성하지만 당시에는 높고 튼튼하게 지었을 것입니다. 성벽 주변에 있는 연못은 원래는 성벽을 둘러싼 물길을 만들어 적의 침입을 막았던 해자(垓子)의 일부라고 합니다.

월성을 나와 북쪽으로 조금 걸어가면 건물의 주춧돌이 늘어서 있는 곳이 나옵니다. 이렇게 긴 건물은 일반 주택이라고 보기는 힘듭니다. 아마 관청이나 궁궐과 관련된 건물이 있었을 것으로 보입니다. 이곳을 지나 조금 더 가면 첨성대(56쪽)에 도착합니다.

삼국유사에는 선덕여왕 때 첨성대를 지었다는 기록이 있

위에서 본 월성 터 지금은 기둥을 세웠던 주춧돌만 땅속에 남아 있어요.

습니다. 네 면이 동서남북을 향하고 높이는 약 9.5미터입니다. 첨성대는 별을 관측하기 위해 지은 천문대입니다. 당시에 별을 관측한다는 것은 지금과는 다른 뜻을 가졌습니다. 별의 움직임을 보고 나라의 길흉을 예측하고 미래를 준비하는 역할을 했지요. 그래서 왕이 사는 궁궐 바로 옆에 이런 천문대를 지었던 것입니다.

첨성대 상상도 이곳에서 별을 관측하고 앞으로 일어날 일을 대비했어요. (신라역사과학관 소장)

왕이 잠든 곳, 대릉원

　대릉원 안에는 굉장히 큰 무덤들이 여러 개 있습니다. 황남대총은 무덤 두 개가 표주박 모양으로 붙어 있는데 우리나라에서 가장 큰 무덤입니다. 길이가 120미터로 축구장보다 크고 높이도 7층 건물과 비슷합니다. 이 외에도 '봉황대'라는 무덤은 지름 86미터로 무덤 하나로만 보면 황남대총보다도 큽니다.

　대릉원의 무덤들은 356년부터 신라를 다스렸던 내물왕부터 514년에 죽은 지증왕까지 6명의 왕과 그 당시 귀족들의 무덤입니다. 150기가 넘는 무덤이 있는데 어떤 무덤이 어떤 왕의 무덤인지는 알지 못합니다. 대릉원의 무덤은 시신과 함께 껴묻거리를 안치한 돌무지덧널무덤으로, 이곳에서 여러분이 잘 아는 금관을 비롯하여 금허리띠, 금귀걸이 등 많

위에서 본 대릉원 ① 황남대총 ② 천마총. 내물왕부터 지증왕까지 6명의 왕이 다스리던 시기의 공동묘지입니다.

은 황금 장신구가 발굴되었습니다.

　황남대총 옆에 있는 천마총(56쪽)은 안에 들어가 볼 수 있게 만들어 놓았습니다. 원래는 황남대총을 발굴하려 했는데 무덤이 너무 커서 그 옆에 있는 조금 작은 무덤을 발굴했는데 그 무덤이 바로 천마총입니다. 그런데 여기에서 금관 뿐만 아니라 하늘을 나는 말을 그린 천마도(天馬圖)가 발굴되어 사람들을 깜짝 놀라게 했습니다.

　참, 천마총과 황남대총을 보고 그냥 돌아가면 안 됩니다. 북쪽으로 더 걸어서 길을 건너면 봉황대가 있으니 그곳까지 꼭 가 보세요. 가는 길에 금관이 처음 발견된 금관총과 유명한 기마 인물형 토기(국보 91호)가 발굴된 금령총도 있습니다.

1973년 천마총 발굴 모습　우리나라에서 처음으로 발굴한 대형 무덤이 천마총입니다. 앞에 있는 집과 비교해 보면 무덤이 얼마나 큰지 알 수 있습니다.

답사 길잡이 경주 시내

안압지로 물이 어떻게 들어오고 나갈까요? 물이 들어오는 입수로를 찾아보고, 물이 어떻게 들어오는지 살펴보세요. 또 물이 나가는 출수구도 찾아보세요.

첨성대 꼭대기는 어떻게 올라갔을까요? 가운데 창에 사다리를 놓고 안으로 들어가서, 다시 안쪽에 사다리를 놓고 올라갔다고 해요. 가운데 창 아래에 사다리를 걸쳤던 흔적을 찾아보세요.

천마총 안으로 직접 들어가 보세요. 내부를 확인해 보고, 껴묻거리도 살펴보세요. 참, 진품은 국립경주박물관에 있습니다.

분황사 터의 모전석탑은 얼핏 보면 벽돌을 쌓아 만든 석탑 같아 보아요. 그런데 자세히 보면 벽돌이 아닌 자연석을 다듬어 쌓은 탑이에요. 가까이서 직접 확인해 보세요.

분황사 터

황룡사 터

안압지

국립경주박물관

황룡사 터에는 금동 불상을 세웠던 커다란 받침석이 남아 있어요. 받침석을 살펴 보고, 금동 불상이 얼마나 컸을지 상상해 보세요. 또 불상의 발과 광배를 꽂았던 홈도 찾아보세요.

남산 답사

불교 문화재가 가득한 야외 박물관

　남산은 신라 궁궐이었던 월성 바로 남쪽에 있습니다. 신라인들은 남산 곳곳에 절을 세우고 탑과 불상을 조각하여 부처님의 나라로 만들었습니다. 유명한 석탑과 불상만 50개가 넘어서 남산을 야외 박물관이라고도 합니다.

　남산에 오르기 전에 먼저 남산 주변을 둘러봐야 합니다. 동쪽의 남산동 삼층석탑에서 시작하여 시계 반대 방향으로 돌면 서출지가 있고, 석굴암의 부처님과 비슷한 불상이 있는 보리사가 있습니다. 보리사 근처 탑골 계곡에는 부처 바위라고 불리는 큰 바위가 하나 있습니다. 바위 하나에 구층탑, 부처, 보살 등이 빼곡하게 새겨져 있습니다. 재미있는 것은 바위에 새겨진 구층탑이 지금은 타서 없어진 황룡사 구층목탑의 원래 모습일지도 모른다는 점입니다.

　계속 서쪽으로 가면 박혁거세가 태어났다고 하는 나정 터, 그리고 창림사 터와 유명한 포석정(🔍60쪽)이 있습니다. 포석정을 지나면 미소가 아름다운 배리 삼존석불 입상이 있습니다. 이곳에서 조금 더 남쪽으로 가면 무덤 세 개가 나란히 있는 삼릉이 나옵니다.

　이제 본격적으로 남산을

탑골 부처 바위 바위 하나에 부처, 보살, 탑 등이 새겨져 있어요. 그 중에 황룡사 구층목탑을 보고 그린 듯한 탑 그림을 찾아보세요.

올라가 볼까요? 이 길은 보통 삼릉에서 시작합니다. 삼릉에서 상선암을 지나 정상인 금오봉(468m)까지 가는 길에 수많은 불상과 석탑이 있습니다. 절벽을 쪼아서 만들기도 하고, 몸은 선을 그어서 표현하고 얼굴은 부조로 만들거나, 완전한 입체 불상을 세우기도 했습니다. 상선암 바로 위 절벽에 새긴 마애불(61쪽)은 절벽에 서 있는데다 크기도 워낙 커서 바라보고 있으면 절로 감탄이 나옵니다.

마애불을 지나면 금오봉에 도착합니다. 여기서부터는 내려가는 길입니다. 용장사 터의 석불(61쪽)과 멋진 삼층석탑을 보고 내려가는 길이 일반적입니다. 그런데 용장사 터에서 바로 내려가지 않고 길을 따라 남동쪽으로 가면 칠불암이 나오는데 이곳도 꼭 봐야 할 곳입니다. 하지만 용장사 터에서 칠불암으로 가는 길은 시간이 오래 걸리니 주의해야 합니다.

남산을 답사하다 보면 신라 사람들은 어떻게 이렇게 많은 절과 탑을 세웠는지 궁금해집니다. 통일 이후 풍족하고 안정된 사회가 바탕이 되어, 세련된 불교 문화를 만들 수 있었을 것입니다. 특히 자신이 살고 있는 곳이 부처님의 나라라고 생각할 정도로 불교가 생활 깊이 스며들었고, 이런 이유로 수많은 불교 문화재를 남기게 됩니다.

칠불암 일곱 개의 불상이 새겨져 있어서 이런 이름이 붙었습니다. 일곱 개가 맞는지 세어 보세요.

포석정은 물이 흐를 수 있도록 돌로 된 도랑이 있는 뜰입니다. 신라가 망해 가던 927년에 이곳에서 신하들과 연회를 즐기던 경애왕이 견훤에게 잡혀 죽임을 당한 사연이 전해집니다. 그러나 실제로는 제사를 지내는 나라의 사당이었다는 의견도 있습니다. 이곳은 왕의 놀이터였을까요, 아니면 신성한 사당이었을까요?

용장사 석불은 삼층석탑 위에 앉아 경주를 내려다보는 부처님입니다. 아쉽게 머리 부분은 사라졌지만 옷자락을 조각한 기술이 놀랍습니다. 부처님의 얼굴을 상상해서 그려 보세요.

상선암 마애불은 금오봉 바로 아래, 절벽을 깎고 쪼아서 만든 초대형 불상입니다. 높이가 5미터가 넘지요. 마애불이 경주 시내를 굽어보듯, 여기서 잠시 쉬며 시내를 내려다보세요.

남산

- **주소** 경북 경주시 인왕동, 탑동, 배동 일대
- **홈페이지** http://gyeongju.knps.or.kr (경주국립공원)
- **대표 전화** 054.771.7616(경주국립공원 남산 분소)
- **등산 코스** 포석정 – 배리 삼존석불입상 – 삼릉 – 상선암 마애불 – 금오산 정상 – 용장사 석불 – 하산.
- **소요 시간** 6시간 정도 (등산만 했을 경우는 3시간 반 정도)
- **주의점** 도시락과 음료를 준비하면 좋아요. 너무 힘들 경우, 코스를 조정하세요.

경주 외곽 답사

불국사와 석굴암

불국사와 석굴암은 아주 유명한 신라 최고의 절입니다. 신라를 알기 위해서는 꼭 가 봐야 하는 곳이지요. 삼국유사에는 김대성이 부모를 위해 751년에 불국사를 짓고, 이어서 전생의 부모를 위해 석굴암을 지었다는 이야기가 있습니다. 751년이면 삼국 통일 후 약 70년이 지났을 때로, 전쟁도 없고 정치도 안정된 신라의 전성기였습니다. 불국사와 석굴암은 안정된 사회 속에서 만들어진 풍성하고 세련된 문화의 결과물입니다.

불국사에서 꼭 봐야 할 것은 돌로 만든 각종 건축물입니다. 나무로 지은 건물은 임진왜란 등 각종 전쟁으로 불에 타서 뒤에 새로 지은 것입니다. 그러나 돌로 된 부분은 대부분 신라 사람들이 세운 것입니다. 불국사는 큰 돌을 다듬어서 높은 축대를 쌓고 이 위에 건물을 세웠습니다. 청운교, 백운교 등의 돌다리를 걸어 올라가면 자하문에 이르고 여기서부터 부처님의 땅이 시작됩니다. 양 옆에 석가탑과 다보탑이 있고 정면에 금당이 있습니다. 불국사의 건축물을 보면 신라인들이 돌을 마치 나무처럼 자유자재로 다루었음을 알 수 있습니다. 건물을 받치는 축대부터 다보탑, 석가탑까지 곳곳에 남아 있는 신라인들의 돌 다듬는 솜씨를 꼼꼼하게 살펴봐야 합니다.

불국사 정문으로 다시 나오면 매표소 옆으로 석굴암까지

석굴암 부처님 석굴암 중앙에 자리한 부처님 상은 삼국을 통일한 문무왕의 무덤인 대왕암을 내려다보고 있습니다. 부처님의 힘을 빌려 나라를 지키려는 신라인의 마음을 엿볼 수 있습니다.

걸어 올라갈 수 있는 길이 있습니다. 한 시간 정도 산길을 올라가면 바위 굴로 된 절인, 석굴암이 나옵니다. 석굴암 입구 양 옆에는 수문장인 금강역사상이 눈을 부릅뜨고 있고, 동서남북을 지키는 사천왕상이 있습니다. 석굴암 가운데에는 높이 3.4미터에 달하는 석가모니 부처님이 동해를 바라보고 있고, 보살상과 십대제자상이 부처님을 둘러싸고 있습니다. 부처님의 얼굴은 미소를 담은 듯도 하고, 아무런 마음의 동요가 없는 굳건한 느낌을 주기도 합니다. 우아하면서도 위엄이 있습니다.

답사 길잡이
불국사

석가탑과 다보탑이 대웅전 앞에 마주 서 있습니다. 둘 다 우리나라를 대표하는 탑이지만 모양은 서로 다릅니다. 두 탑 중 어떤 탑이 더 인상적인지 생각해 보고, 그 이유를 한 가지만 말해 보세요.

정문

청운교와 백운교는 계단인데 왜 다리로 표현했을까요? 청운교, 백운교는 부처님의 나라로 가기 위해 물을 건너고 구름을 넘는 상징적인 다리입니다. 일반인의 세계와 부처님의 세계를 이어 주는 다리인 것이지요. 아쉽게도 지금은 직접 다리를 오를 수는 없답니다.

불국사

주소 경상북도 경주시 불국로 385
홈페이지 www.bulguksa.org
대표 전화 054.746.9913
관람시간 3월~9월 07:00~18:00, 10월 07:00~17:30,
11월~1월 07:30~17:00, 2월 07:30~17:30
휴관일 매년 1월 1일, 매주 월요일
입장료 어린이 2,500원, 중·고등학생 3,500원,
어른 5,000원

대왕암과 감은사

경주의 동쪽, 감포에는 삼국 통일을 이룬 문무왕의 혼이 담긴 유적이 많습니다. 당나라가 신라와 함께 고구려와 백제를 멸망시킨 뒤 신라까지 점령하겠다는 야욕을 드러냈는데, 문무왕은 당당히 싸워 당나라를 몰아냈습니다. 이렇게 주변을 안정시켰지만 동해에 나타나는 왜(일본)의 노략질은 문무왕의 또 다른 근심거리였습니다. 특히 경주는 동해 가까이에 있어서 적들이 바다로 들어오면 큰 위험에 빠질 수 있었습니다. 문무왕은 죽어서도 용이 되어 나라를 지키겠다는 뜻을 밝히고 자신이 죽으면 화장해 동해 바다에 뿌리도록 유언을 남겼습니다. 감포 바닷가의 작은 바위섬인 대왕암은 문무왕의 뼈를 뿌린 곳으로 알려져 있습니다.

문무왕의 아들인 신문왕은 682년에 아버지의 뜻을 기리고자 대왕암을 마주하는 곳에 감은사(67쪽)를 지었습니다. 삼국유사에는 감은사의 건물 앞쪽 바닥에 바다를 향해 구멍을 하나 냈고, 이 구멍은 용이 된 문무왕이 들어와 머물게 하기 위한 것이라고 적혀 있습니다. 실제로 발굴을 해 보니 금당 바닥에 크고 긴 돌을 이용해서 빈 공간을 만든 것을 확인할 수 있었습니다.

감은사에는 두 개의 석탑이 마주 보고 있습니다. 감은사 탑은 신라 석탑 중 가장 큰 탑 중의 하나로 높이가 13미터가 넘습니다. 워낙 크다보니 마치 나무로 만들듯이 여러 개의 돌을 짜 맞추어 만들었습니다. 두 탑 안에서는 부처님의 사리를 보관하는 금동 사리기가 발견되기도 했습니다. 이 유물은 국립경주박물관과 국립중앙박물관에 전시 중입니다.

대왕암과 감은사

답사 길잡이

감은사 금당에는 바다 용이 된 문무왕의 혼이 들어와 쉬는 공간이 있다고 전해져요. 금당 터에서 빈 공간을 확인해 보고 그 안에 들어가 보세요. 문무왕의 혼이 느껴지나요?

감은사 터
감은사탑
이견대
대왕암

무열왕릉과 서악동 무덤

무열왕릉은 무덤의 주인을 알 수 있는 몇 안 되는 무덤 중 하나입니다. 무덤 앞에 비석을 받쳤던 돌 거북과 비석 위쪽을 장식했던 지붕돌이 남아 있는데, 지붕돌에 '태종무열대왕'이라고 한자로 새겨 있습니다. 무열왕(재위: 654~661년)은 김유신과 함께 삼국 통일을 위해 노력한 김춘추입니다.

무열왕릉 뒤쪽으로는 무열왕릉보다 더 큰 무덤 넷이 줄을 맞추어 서 있습니다. 이 중에 법흥왕과 진흥왕의 무덤이 있다고 추측합니다. 이곳에서 대릉원 쪽을 바라보면 황남대총과 월성이 멀리 보입니다. 지증왕 때까지는 궁궐 옆에 왕릉을 만들었지만, 경주에 인구가 늘어나고 상업이 발달하면서 더 이상 도시 중심에 왕릉을 만들 수 없게 되었습니다. 그래서 법흥왕은 조금 떨어졌지만 궁궐이 보이는 이곳에 왕릉을 만들었던 것입니다.

무열왕릉과 서악동 무덤 ① 무열왕릉. 법흥왕, 진흥왕, 진지왕, 무열왕의 무덤이 있는 신라 왕의 공동묘지입니다.

괘릉과 김유신 묘

괘릉은 통일 신라 원성왕(재위: 785~798년)의 능으로 알려져 있습니다. 넓은 언덕 위에 있는 괘릉은 돌로 만든 군인과 관료, 그리고 사자가 먼저 보입니다. 왕이 살아 있을 때 그를 모셨던 신하를 조각한 것입니다. 봉분을 보호하기 위해 쌓은 돌(호석)에는 열두 동물(십이지)을 새겨 놨습니다.

김유신 묘로 전해지는 무덤의 호석에도 십이지가 새겨져 있습니다. 신라 사람들은 십이지를 시간과 방위를 지키는 신이라고 생각해서 나쁜 기운이 무덤에 침범하지 않도록 십이지를 새긴 것입니다.

자, 나침반을 들고 무덤 북쪽으로 가 봅시다. 정 북쪽에 조각된 동물이 바로 쥐입니다. 여기서부터 시계 방향으로 소, 호랑이, 토끼 순서로 새겨져 있습니다.

김유신 묘로 전해지는 무덤의 십이지석 왼쪽부터 시계 방향으로 쥐, 소, 호랑이, 토끼, 용, 뱀, 돼지, 개, 닭, 원숭이, 양, 말.

국립중앙박물관 답사

신라를 주제로 한 신라실과 통일신라실

서울에 있는 국립중앙박물관에도 신라와 통일 신라를 주제로 한 전시실이 있습니다.

신라실에는 경주 황남대총에서 발굴된 금관과 금허리띠를 비롯해서 경주 보문동에서 발굴된 우리나라에서 가장 화려한 금귀걸이도 있습니다. 또한 경주 금령총에서 발굴된 기마 인물형 토기와 배 모양 토기, 그리고 사냥을 하거나 춤을 추는 모습 등을 한 토우가 전시되어 있습니다. 또한 개구리, 뱀, 새, 거북이, 게, 호랑이를 빚은 토우도 있습니다. 신라인들이 말을 탈 때 사용했던 안장, 발걸이 및 각종 말 장식도 있고 일상 생활에 사용하던 토기와 기와도 있습니다.

신라실의 가운데에는 진흥왕이 세운 멋진 비석이 하나 서 있습니다. 진흥왕은 신라 영토를 크게 넓힌 왕입니다. 진흥왕은 자기가 새로 점령한 영토를 직접 방문하고 이곳이 신라 땅임을 알리는 비석을 세웁니다. 북쪽에는 함경도의 마운령과 황초령에 세웠고 남쪽에는 가야를 점령하고 창녕에 세웠습니다. 지금

북한산 진흥왕 순수비
신라 진흥왕이 한강 유역을 차지한 뒤, 북한산 비봉에 세운 비석.

의 서울 지역을 점령하고 세운 비석이 바로 신라실에 전시된 북한산 진흥왕 순수비입니다.

신라실 건너편의 통일신라실은 삼국 문화를 융합해서 크게 발전시킨 통일 신라의 문화를 소개하는 전시실입니다. 입구에는 앞에서 소개한 십이지 유물과 토용이 있습니다. 또한 충청도 서산 보원사라는 절에 있던 철로 만든 커다란 불상도 있는데, 석굴암의 부처님과 비슷하게 생겼습니다. 이 외에 경주에서 여러분이 방문했던 안압지에서 발굴한 유물과 전국 각지의 통일 신라의 금속 그릇과 토기가 있습니다.

신라실과 통일신라실 외에도 3층에 올라가면 금속공예실과 불교조각실이 있는데 이곳에도 신라의 금속품과 불상들이 많이 있습니다. 특히 불교조각실의 국보 83호 금동반가사유상은 신라인이 만든 우리나라 최고의 불상입니다. 국립중앙박물관에 오면 꼭 봐야 할 전시품입니다.

금동반가사유상
한국 불상을 대표하는 걸작으로 금속을 다루는 정교한 기술을 보여 줍니다. 국보 78호 반가사유상과 번갈아 전시됩니다.

국립중앙박물관 전시관
주소 서울시 용산구 서빙고로 137
홈페이지 www.museum.go.kr
대표 전화 02.2077.9000
입장료 무료

함께 보면 좋은 책, 사이트

추천 사이트

국립경주박물관 http://gyeongju.museum.go.kr
국립중앙박물관 http://museum.go.kr
경주국립공원 http://gyeongju.knps.or.kr
불국사 http://www.bulguksa.org
경주시청 http://www.gyeongju.go.kr

추천 도서

한국생활사박물관 05 신라생활관 | 2001 | 한국생활사박물관 편찬위원회 지음 | 사계절
눈부신 황금의 나라 신라 | 2016 | 국립중앙박물관 어린이박물관
국립경주박물관 | 2012 | 국립경주박물관 지음 | 주니어김영사
답사여행의 길잡이2 경주 | 1997 | 한국문화유산답사회 엮음 | 돌베개
사진과 함께 읽는 삼국유사 | 1999 | 일연 지음 | 리상호 옮김 | 까치글방

참고 도서

황금의 나라, 신라의 왕릉, 황남대총 | 2010 | 국립중앙박물관
경주 계림로 14호묘 | 2010 | 국립경주박물관
국립경주박물관 상설전 도록 | 2009 | 국립경주박물관
국보 기마인물형토기 | 2007 | 국립경주박물관
국립경주박물관 명품100선 | 2007 | 국립경주박물관
통일신라 | 2003 | 국립중앙박물관
신라황금 | 2001 | 국립경주박물관

사진을 제공해 주신 곳

국립경주박물관
26쪽 문관 토용, 기마 인물형 토기 | 27쪽 짚신 모양 토기
28쪽 그릇에 담겨 있던 달걀, 여러 가지 동물 뼈 | 29쪽 조리법이 적힌 목간
30쪽 기와집 모양 뼈 단지, 창고 모양 토기 | 31쪽 쇠스랑·삽·낫
33쪽 나무 배 | 34쪽 수레 모양 토기, 수레바퀴와 말과 소 토우
36쪽 초기의 금관, 천마총 금관 | 37쪽 임신서기석 | 38쪽 안압지 삼존불
39쪽 백률사 금동불 | 40쪽 유리 그릇, 황금보검 | 41쪽 당삼채, 가위
43쪽 사람이 썼던 투구, 말에게 씌웠던 투구 | 47쪽 성덕 대왕 신종
48쪽 토우 장식 항아리, 천마총 금관
49쪽 황룡사 망새, 고선사 삼층석탑, 주령구 | 51쪽 안압지 전경
52쪽 위에서 본 월성 터 | 57쪽 모전석탑 | 59쪽 칠불암

국립중앙박물관
29쪽 디딜방아 모양의 토우, 음식을 익히는 풍로 | 32쪽 배 모양 토기
35쪽 화장용 뼈 항아리 | 38쪽 황복사 금제 불상 | 41쪽 호우명 그릇
50쪽 황룡사 구층목탑 터 | 54쪽 위에서 본 대릉원
55쪽 1973년 천마총 발굴 모습 | 60쪽 포석정 | 64쪽 석굴암 부처님
66쪽 불국사 | 70쪽 김유신 묘로 전해지는 무덤의 십이지석
71쪽 북한산 진흥왕 순수비 | 72쪽 반가사유상

경주시청
22쪽 첨성대 옆 건물 터 | 42쪽 괘릉의 군인 조각상 | 56쪽 천마총 | 58쪽 탑골 부처 바위 | 61쪽 상선암 마애불 | 62쪽 용장사 석불 | 65쪽 석가탑과 다보탑 | 68쪽 감은사 금당 터 | 69쪽 무열왕릉과 서악동 무덤

신라역사과학관
53쪽 첨성대 상상도

윤상덕 님
56쪽 첨성대 | 57쪽 황룡사 터 금동 불상 받침석

조효식 님
17쪽 삼년산성

김현희 님
27쪽 부부 토용

＊이 책에 사용한 사진은 박물관과 저작권자의 허락을 받아 사용하였습니다.